レシピはときどきウソをつく

ホームライフ取材班〔編〕

青春新書
PLAYBOOKS

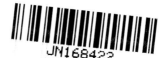

〝レシピのウソ〟を知れば、料理はもっとおいしくなる！

料理本や料理サイト、テレビの料理番組など、世の中には料理のレシピが溢れている。しかし中には「？」と首をかしげるものも少なくない。昔の常識が今や非常識になっていたり、もっとおいしくなる方法があるのに伝えていなかったり……。また、科学的な検証により、「大事な栄養素を逃さない」という観点で作り方が変わることもあるのだ。

では、そんな変化がきちんとレシピに反映されているかといえば、答えはＮＯ。細かいところまでていねいに書かれていなかったり、レシピの発信者の常識が古いままだったりする。

レシピ通りに作ってもおいしくならないときは、レシピの書き方に不備があることも多い。料理ビギナーもベテランも、〝レシピのウソ〟を見抜く知識を仕入れておこう。そして、ときには、自分のいつもの作り方が古くないかどうか、間違っていないかどうか疑ってみることも必要だ。

レシピはときどきウソをつく【もくじ】

昔の常識は、今や非常識？

思い込みレシピ

料理のプロもやっている!?

うっかりレシピ

こっちのほうがおいしいのに…

出し惜しみレシピ

本当はこういうことだった！

不親切なレシピ

つい、やってしまいそう…

なんとなくレシピ

本文デザイン　青木佐和子
編集協力　佐藤雅美

昔の常識は、今や非常識？

思い込みレシピ

「肉は強火で焼く」「米を研ぐ」といった常識が、過去のものになりつつある。昔から当たり前だと思ってやっていることを、一度見直してみよう。

思い込みレシピ

ステーキは最初は強火で表面を焼き固める

ホントのレシピ

ステーキは最初から最後まで、弱めの中火でじっくり焼く

強火で焼くと組織が壊れるので、肉汁は流出する

よく「肉の表面のたんぱく質を焼き固めると、中はジューシーに仕上がる」といわれているが、強火では肉の組織が壊れるため、肉汁やうまみは流出してしまう。ステーキは弱めの中火でゆっくり焼くことによって、中の肉汁や肉のやわらかさが保たれる。

思い込みレシピ

シチューを作るとき、肉の表面をさっと焼いてから煮込む

ホントのレシピ

シチューを作るとき、肉は弱火で中まで火を通してから煮込む

よく焼いてしまうと肉がかたくなるというのは誤解

高温でさっと焼く調理法では、肉の表面の組織が壊れるのでうまみは逃げる。弱火でじっくり中まで火を通しても、肉がかたくなる、味が染みないということはない。むしろ、短時間でよく味が染み込み、やわらかくて、うまみのある仕上がりに。

✕ 思い込みレシピ

炒め物はフライパンをあおって炒める

◯ ホントのレシピ

炒め物はフライパンをあおらず、よく混ぜながら炒める

家庭用コンロは火が弱いので
フライパンを火から離さない

中華の料理人がフライパンをあおって炒めるのは、具材の水分をとばし、シャキッとした仕上がりにするのが理由。しかし、家庭のコンロはプロ用ほど強火ではないため、あおると火が通らないことに。フライパンを火から離さず、よく混ぜながら炒めるほうがシャキッと仕上がる。

思い込みレシピ

煮物は
ひと晩おくとおいしくなる

ホントのレシピ

煮物は出来たてを
食べたほうがおいしい

調味料の味は染みるが、素材のうまみが抜けてしまう

素材は加熱することによって細胞壁が壊れるので、時間をおくほど煮汁から味が染み込んでくる。しかし、うまみ成分は抜けていく。「ひと晩おくとおいしい」といわれたのは昔の話。煮物は弱火でよく煮込んで、出来たてを食べるのが一番おいしい。

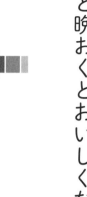

思い込みレシピ

おでんは長時間煮込むとおいしくなる

ホントのレシピ

おでんの練り物は、長時間煮込むとおいしくなくなる

具材によって投入するタイミングを変える

じっくり煮込んでおいしいのは大根、牛スジ、卵、昆布、コンニャク、ちくわぶなど。さつま揚げやつみれといった練り製品は魚のうまみが汁に出てしまうので、長く煮込めばおいしくなるというものではない。練り製品を加えたら火を止めて、一度冷まし、食べる直前に温める。

思い込みレシピ

すき焼きを作るとき、肉と白滝は離す

ホントのレシピ

すき焼きを作るとき、肉と白滝を離す必要はない

くっついても肉はかたくならず、肉のうまみが白滝に染みる

白滝を製造するときに使う水酸化カルシウムに肉をかたくする作用があるといわれるが、これは間違って伝わっている常識。実際は、肉に影響することはないので問題ない。むしろ、白滝を肉のそばで煮ると、肉のうまみが染み込んでおいしくなる。

思い込みレシピ

肉ジャガは砂糖、しょうゆの順で味つけする

ホントのレシピ

肉ジャガは調味料を一度に加えて調理する

しょうゆも最初から入れて、よく味を染み込ませる

味つけは「さ（砂糖）し（塩）す（酢）せ（しょうゆ）そ（みそ）」の順というのは、実はほとんどの料理に当てはまらない。味をしっかりつけたい肉ジャガは、最初に調味料を一気に加えて煮込んでいく。香りを引き立てたいときは、最後にしょうゆをひとふりするという手も。

思い込みレシピ

油揚げは油抜きして使う

ホントのレシピ

油揚げは油抜きせず、そのまま使う

昔と違って
良質の油が使われている

油揚げを使う前にさっと下ゆでしたり、熱湯をかけて油抜きしたのは、油のにおいが気になった昔の話。最近の油揚げには良質の油が使われているため、油抜きの必要はなく、むしろ適度な油が料理のうまみになる。いなり寿司に使うなど、油が必要ないときはひと手間かけて油抜きをしよう。

思い込みレシピ

ゴボウは水にさらしてアクを抜く

ホントのレシピ

ゴボウはアク抜きの必要はない

アクはポリフェノールなので、水にさらさないほうが栄養効果が高い

昔は、アクは雑味として水で抜いて使うのがよしとされていたが、アクの正体は抗酸化成分のポリフェノールであることが判明。水にさらすとせっかくの成分が逃げてしまうし、今の野菜はアクが少なくなっているので気にせずに食べられる。レンコンやナスも同様に、アク抜きをしないほうが常識に。

思い込みレシピ

ショウガの皮をむく

ホントのレシピ

ショウガの皮はむかない

香り成分は皮と実の間にたくさん存在する

ショウガは香り高いので、魚や肉などの料理によく使われる。その香りは皮と実の間にあるので、皮をむいてしまっては意味がない。むかずに使って香りを生かす。ただし、薬味としてすりおろすときや、針ショウガにするなど、見た目が大事なときは皮をむいて。

思い込みレシピ

キュウリの塩もみは、塩をふってもむ

ホントのレシピ

キュウリの塩もみは、もまずに和える

もむとクタクタになるので、キュウリの食感を楽しめない

「塩もみ」という料理名がついているが、実際にもんでしまうと、キュウリの繊維が壊れるのでおいしくない。キュウリに塩をふったらしばらくおき、水分が出たらギュッと絞るだけ。するとシャキシャキした歯ざわりが残り、塩辛くなりすぎない「塩もみ」が出来上がる。

思い込みレシピ

カブの皮は厚くむいて調理する

ホントのレシピ

カブの皮はむかずに調理する

カブの皮は薄くなっているので、気にせずに食べられる

以前は、カブの皮は厚くむかないと繊維が口に残り、食感が悪くなるといわれていたが、最近のカブの皮は薄くなっているので問題ない。カブは煮くずれしやすいので、むしろ皮つきのまま使ったほうがきれいに仕上がる。また、栄養面でも食物繊維がとれるのでおすすめ。

思い込みレシピ

ゆでたジャガイモは、
熱いうちに皮をむく

ホントのレシピ

ゆでたジャガイモは、
氷水にさっとつけてから
皮をむく

やけどしそうになりながら
皮をむくのはナンセンス

ゆでたてのジャガイモの皮をむくのは、指が熱いので時間がかかり、その間に冷めてしまってつぶしにくくなることも。今は、ゆでる前に一周ぐるりと切り込みを入れておき、ゆでたら氷水につける方法が主流。皮と実の縮む割合に差があるので、一瞬にしてスルッとむける。

思い込みレシピ

大根は煮物は上部で、大根おろしは辛みのある下部で

ホントのレシピ

大根の辛みや甘みは、部位とは関係ない

皮の近くに辛みがあるので、皮を厚くむくと甘くなる

大根の辛みはミロシナーゼという酵素が作り出していて、この成分は皮の近くにあることが判明。今までの常識だった上部・下部という使い分けではなく、大根おろしや煮物を甘くしたいときは皮を厚くむき、辛みを生かしたいときは薄くむくという方法で調整できる。

思い込みレシピ

ブロッコリーをゆでる

ホントのレシピ

ブロッコリーは蒸しゆでにする

ゆでると栄養が溶け出してしまうので、フタをして蒸しゆでに

「ブロッコリーをたっぷりの湯でゆでる」というのは昔のレシピ。ゆでることによってビタミンCなどの栄養素が抜けるので、現在は、フライパンにごく少量の水とともに入れ、フタをして２～３分蒸しゆでにする。この方法だとビタミンCは96％も残り、お湯を沸かさないですむという利点も。

思い込みレシピ

青菜は塩ゆでする

ホントのレシピ

青菜は塩を加えずにゆでる

入れても入れなくても、色に変わりなし。「減塩」するのが今どき流

レシピには「塩ゆで」という言葉が普通に使われており、塩を入れると色よくゆで上がるといわれていた。しかし、入れなくても変わらない。塩分のとりすぎを防ぐためにも入れないほうがいい。

思い込みレシピ

モヤシはひげ根を取る

ホントのレシピ

モヤシはひげ根を取らない

ひげ根は栄養価が高く、取るとモヤシ自体の栄養素も流出

モヤシのひげ根を取る理由は食感が悪いというものだが、ここにはビタミンCをはじめ、ミネラルや食物繊維などの栄養素が豊富。さらに、ひげ根を取るとその切り口からモヤシの栄養素も溶け出してしまうので、そのまま調理したほうがいい。購入するときも、ひげ根つきのほうがオススメ。

思い込みレシピ

モヤシは強火で炒める

ホントのレシピ

モヤシは高温の湯にさっと通してから炒める

家庭用のコンロなら、炒めるより高温でゆでたほうがシャキッとする

モヤシをシャキッと炒めるには、「高温で一気に加熱」することが大事。しかし、家庭で高温で炒めるのは難しいので、熱湯で20秒ほどゆでておく。そのとき、湯に油を少したらすと沸点が上がり、より高温でシャキッとゆでられる。炒めるときは、最後に加えてさっと混ぜ合わせ、味つけをすればＯＫ。

思い込みレシピ

米を研ぐ

ホントのレシピ

米は研がずに洗う

力を入れて研ぐのはもう古い。米を割らないようさっと洗う

近年は精米技術が進歩したので、手のひらを使ってこするように研ぐ必要がない。力を入れすぎると、うまみ部分が削り取られ、米が割れやすいといったデメリットもある。米に水を入れたら、５本指を立てて円を描きながら混ぜるようにして洗う。

思い込みレシピ

米の研ぎ汁がきれいに澄むまで洗う

ホントのレシピ

米の研ぎ汁は白く濁っていてもいい

米のデンプンは水に溶け出すので、白く濁った状態が普通

今の米は表面がやわらかいので、「水が澄む」というのは米のデンプンが出てしまい、うまみがなくなってしまった状態のこと。米を洗うときは、「水を入れたら手早く混ぜて洗ってさっと捨てる」というプロセスを４回ほど繰り返せばＯＫ。水が白く濁っているうちに終える。

思い込みレシピ

そうめんは、ゆでるときに差し水をする

ホントのレシピ

そうめんは、ゆでるときは差し水をしてはいけない

差し水をするとコシがなくなるので、火を弱める

沸騰したら水を加えたほうがうまくなるというのは、かまどを使っていたため、火加減ができなかった時代の話。差し水によって湯温が下がると、ゆで時間が長くなるので、ゆで上がったときのコシがなくなってしまう。沸騰しそうになったら火を弱め、穏やかな沸騰状態でゆでるようにする。

思い込みレシピ

小豆はひと晩水につけてから煮る

ホントのレシピ

小豆は水につけずに、そのまま煮はじめる

小豆は皮がかたくて吸水しないため、つけても意味がない

「豆は水につけておく」という思い込みがあるため、小豆も一緒にされがち。しかし、小豆は吸水しにくいため、そのままゆっくり加熱していったほうが早くやわらかくなり、吸水も均一になる。長時間水につけておくと、皮が割れてしまうことがあり、失敗の原因に。

✕ 思い込みレシピ

親子丼やカツ丼の卵は、よくかき混ぜて加える

○ ホントのレシピ

親子丼やカツ丼の卵は、黄身と白身が混ざる程度にさっと溶く

とろりとした半熟状に仕上げるコツは、かき混ぜすぎないこと

レシピに「卵を溶く」とあると、いつも通りに溶いてしまいそうだが、サラサラになるほど溶くと、加熱したときに卵の存在感がなくなる。半熟状にとろ〜りとおいしそうな仕上がりにするには、黄身と白身が混ざり合ったところでやめる。

思い込みレシピ

フライドポテトは、熱した油で揚げる

ホントのレシピ

フライドポテトは、ジャガイモを冷たい油に入れて火にかける

油はねがなく、ときどき混ぜるだけでカラリと揚がる

冷たい油に入れるので、水にさらしたジャガイモは水を拭かなくてもＯＫ。めんどうな手間なしで、油はねもないのでキッチンが汚れない。油とジャガイモを入れた鍋を強火にかけ、高温になったら火を弱め、ときどき箸で軽く混ながら揚げる。通常の方法と変わらず、カラリと揚がる。

思い込みレシピ

ポタージュは、具材を滑らかに撹拌する

ホントのレシピ

ポタージュは、具材のざらつきを残して撹拌する

滑らかすぎると おいしさを感じられない

ポタージュは滑らかなほうがおいしいと思っていたのは昔の話。近年、味覚についての研究も進んでいて、注目されているのが舌触りや食感ともいうテクスチャー。滑らかすぎるものより、素材の存在を感じられる少しざらっとしたものをおいしいと思うことがわかっている。

思い込みレシピ

目玉焼きを焼くとき、水を入れてフタをする

ホントのレシピ

目玉焼きを焼くとき、卵を割り入れたら、そのまま焼く

水を入れると白身が水っぽくなり、パリッとしない

蒸し焼きにすると焦げつかない、早く火が通るというメリットがあるが、最近はフッ素樹脂加工のフライパンが普通なので、そもそも焦げる心配はない。水を入れず、フタもしないで焼いたほうが白身がパリッとし、黄身が黄色いままなので見た目もきれいに仕上がる。

思い込みレシピ

ウインナーは、油を熱した
フライパンで焼く

ホントのレシピ

ウインナーは、
油をひかずに焼く

ウインナーからにじみ出る脂が うまみのもと

フッ素樹脂加工のフライパンを使い、油をひかず、弱めの中火で転がしながらゆっくり焼く。ウインナーから自然に脂が出てくるので、油は必要なし。しかも、この脂には肉のうまみが含まれているため、それがからまって香ばしく焼き上がる。

✕ 思い込みレシピ

インゲンは筋を取る

○ ホントのレシピ

インゲンはヘタの先を切り落とす

やわらかいサーベルインゲンは筋が気にならない

インゲンを使うとき、ヘタをポキンと折り、そのまま引っ張って筋取りをしていたのは昔の話。今は、やわらかくて細いサーベルインゲンが主流なので、ヘタの先のとがったかたい部分だけを切り落として使う。ゆでたり、炒めたりもさっとでＯＫ。

思い込みレシピ

みそ汁は温め直してはいけない

ホントのレシピ

みそ汁は電子レンジで温め直す

汁の対流が起こらないから、みその香りが逃げない

みそ汁の温め直しは、やってはいけないことの代表格でもあったが、電子レンジでならＯＫ。鍋で温め直すと熱によって汁が対流し、みその香りがとんでしまうので、味がかなり落ちる。電子レンジは電磁波で加熱するので対流が起こらず、香りやうまみ成分が逃げずに残る。

思い込みレシピ

缶詰の缶汁は捨てる

ホントのレシピ

缶詰は缶汁ごと料理に使う

缶汁には素材のうまみや栄養が溶け出しているので利用する

レシピにはよく「缶汁をきって使う」と書かれているが、缶汁は別に体に悪いものではないし、素材のうまみや栄養成分がたっぷり含まれている。コーン缶を缶汁ごと使ってスープにしたり、ツナ缶（オイル漬け）をそのまま使って油代わりにするレシピも現在では普通に。

思い込みレシピ

ニンジンを生食すると ビタミンCを壊す

ホントのレシピ

ニンジンは生食しても 大丈夫

ビタミンCは一度酸化するが、体内で元に戻ってビタミンCとして働く

「ニンジンに含まれるアスコルビナーゼがビタミンCを壊す」といわれるが、この説は違っていたことが判明。サラダや野菜ジュースなどに生のニンジンを使っても、ビタミンCには影響しない。むしろニンジンの持つβ-カロテンが追加されるので、栄養面ではプラス効果に。

思い込みレシピ

新鮮なキュウリはトゲがしっかりしている

ホントのレシピ

新鮮なキュウリは太さが均一

トゲなしのキュウリが増えているので、見極めのポイントも変化

トゲトゲしているキュウリが新鮮という目安は昔のこと。今はトゲがほとんどない、つややかなキュウリが主流になっている。新鮮さの目安は、端から端までの太さが均一なもの。片方（花が咲くほう）が膨らんでいるのは、水分がたまっている証拠で、ス（空洞）が入っている可能性も。

思い込みレシピ

野菜は育った環境と同じ向きで保存する

ホントのレシピ

野菜を冷蔵庫で保存するときは、向きは関係ない

冷蔵という低温下では、野菜は休眠状態になっている

収穫された野菜も生命活動を続けているため、保存するときはストレスを与えないよう向きに気をつけるといわれる。しかし、低温の冷蔵庫の中では眠ったような状態になっているので、向きは関係ない。実験で、日持ちや栄養素とは関連がないことがわかっている。

料理のプロもやっている!?

うっかりレシピ

レシピ本や料理のプロが、いつも正しいとは限らない。習い性で書かれてあったり、実は勉強不足だったりすることも……。巷によくある、そんなうっかりレシピを検証。

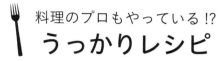

うっかりレシピ

とろみをつけるとき、
水溶き片栗粉を加えたら
さっと混ぜる

ホントのレシピ

とろみをつけるとき、
水溶き片栗粉を加えたら
よく混ぜる

長く加熱を続けることにより、
粘り成分が出てきてトロトロの仕上がりに

水溶き片栗粉はすばやく混ぜないと、水分が蒸発してどんどん固まってしまうというのは思い込み。混ぜていると「とろみがついた」と思う瞬間があるが、さらに混ぜていると、粘り成分がよく出てきて、トロトロの舌触りのいい仕上がりになる。

うっかりレシピ

ホワイトソースは、温めた牛乳を少しずつ加える

ホントのレシピ

ホワイトソースは、牛乳を冷たいまま一気に加える

少しずつ加えていくのが正統派だが、ダマになりやすいという難点が

ホワイトソースはダマになりやすいから難しいといわれるが、それは牛乳を少しずつ混ぜるから。大量の牛乳を一気に入れたほうが小麦粉は溶けやすく、それを混ぜながら煮詰めていけばＯＫ。牛乳が冷たくても溶けるので、温める手間も省ける。

うっかりレシピ

ゴボウの皮は包丁の背でむく

ホントのレシピ

ゴボウは皮をむかず、タワシで洗うだけ

ゴボウの皮には香りがあり、ポリフェノールや食物繊維が豊富

レシピにはよく「ゴボウの皮は包丁の背でむく」と書かれているが、これはもったいない。皮と実の間に香りや栄養があるため、皮はむかず、土や汚れはタワシで洗うだけで十分。タワシがなければ、アルミホイルをくしゃくしゃに丸めたもので洗っても。

うっかりレシピ

ニンジンの皮をむく

ホントのレシピ

ニンジンの皮はむかない

市販のニンジンは
すでに皮がむかれている状態

ニンジンは収穫後、水洗いするときに皮がむかれるので、さらにむく必要はない。皮があるように見えるのは、乾燥して表面にシワができたため。ニンジンの栄養は皮のすぐに下にあるので、一番栄養のあるところをむいて捨ててしまわないように注意。

うっかりレシピ

サトイモは水からゆでる

ホントのレシピ

サトイモは沸騰した湯に入れてゆでる

水からだと、ぬめりが出すぎてうまみも逃げる

サトイモの下ゆでは「水から」というのが常識だが、ゆでている時間が長くなるほど、ぬめりがたくさん出るうえ、サトイモ自体のうまみが少なくなる。サトイモの下ゆでは熱湯に入れ、ぶくぶく泡が出てくるまでの短時間でＯＫ。ぬめり成分のムチンもほどよく残り、味も染み込みやすくなる。

うっかりレシピ

フライパンで魚を焼くとき、フタをする

ホントのレシピ

フライパンで魚を焼くときは、フタをせずに焼く

フタをすると臭みが抜けず、しかもパリッと焼き上がらない

魚をフライパンで焼くのは便利だが、うっかりフタをしてしまうと蒸し焼きになるので、魚の生臭さがこもり、焼き上がりもパリッとしない。特ににおいが気になる人は、フタをしないで、魚から出てきた脂を拭き取りながら焼くのがおすすめ。

うっかりレシピ

豚の冷しゃぶは、
ゆでた肉を氷水にとる

ホントのレシピ

豚の冷しゃぶは、
ゆでた肉をそのまま冷ます

冷やすと脂が固まって
食感が悪くなる

料理名は「冷しゃぶ」だが、氷水にとったり、冷蔵庫で冷やしたりする必要はない。豚肉の脂が固まって食感が悪くなり、うまみも感じられなくなる。ゆでた豚肉は常温まで冷ませばＯＫ。それに冷蔵庫で冷やした野菜を付け合わせると、ちょうどいい冷たさの料理になる。

うっかりレシピ

焼いた肉を休ませる

ホントのレシピ

焼いた肉は、アミを重ねたバットで休ませる

焼いた時間と同じだけ休ませ、余分な肉汁や血を落とす

ステーキやローストビーフなどの厚みのある肉を焼いたあとは、休ませて肉を落ち着かせることが大事。このとき、肉をバットなどに直接置くと、出てきた肉汁や血にまみれて生臭くなってしまう。バットに網を重ね、その上に焼いた肉を置き、余分な肉汁や血を落としながら休ませる。

✕ うっかりレシピ

ハンバーグは、材料をすべて合わせて練る

○ ホントのレシピ

ハンバーグは、まず肉と塩だけでしっかり練る

肉の粘りを引き出すことで、肉汁が閉じ込められる

ジューシーなハンバーグを作るには、最初の段階でひき肉をよく練り、粘りを出すことが大事。そのためには、タネを合わせる順番に気をつける。まず肉と塩だけでしっかりと練り、粘りが出たら、玉ネギや卵など、水分のあるタネを加えていく。

うっかりレシピ

ハンバーグのタネは、手でよく練り混ぜる

ホントのレシピ

ハンバーグのタネは、最初はヘラなどでまとめてから手で混ぜる

手の温度が肉に伝わると、脂肪が溶ける

ひき肉はよく練ることが大事だが、手の温度が伝わってしまうと、脂肪が溶けて肉がだれ、なかなか粘りが出てこない。プロは、冷水で痛くなるほど手を冷やしながら練るというが、最初はヘラや菜箸で混ぜながらまとめればＯＫ。ある程度まとまったら手でこねる。

うっかりレシピ

パスタは沸騰した湯でゆでる

ホントのレシピ

パスタはフツフツ程度の湯でゆでる

グラグラ沸騰させず、対流する程度の温度を保つ

レシピには「パスタは熱湯でゆでる」と書いてあるが、ずっと沸騰させているとパスタの表面が溶けてぬめりが出てくる。パスタを入れて煮立ってきたら、沸騰直前に火を弱め、パスタが対流する温度をキープする。パスタが動かないほど温度が低いのも芯が残るのでよくない。

うっかりレシピ

リゾットは、米を洗わないで作る

ホントのレシピ

リゾットは、米を1回さっと水洗いして作る

日本のうるち米はヌカが多いため、ヌカ臭くなる

米を洗わずに作るのは、粘りが少ないイタリア米などを使うとき。うるち米では洗わないとヌカ臭くなり、粘りも出すぎてしまう。ただし、うるち米は水分の吸収がいいので、洗いすぎると水を含んでしまい、肝心のスープが染み込まなくなるので、さっと1回洗う程度にとどめる。

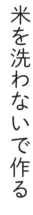

うっかりレシピ

コロッケを作るとき、
パン粉をまぶす

ホントのレシピ

コロッケを作るとき、
パン粉をたっぷり押しつけ
るようにする

衣の薄いところがあると、揚げているときに破裂する

コロッケは、揚げている途中で、タネが膨張するので破裂しやすい。それを避けるためには、パン粉をまんべんなく、しっかりつけるのがポイント。パン粉はただまぶすだけでなく、最後に手でしっかりと押さえてタネと密着させる。

うっかりレシピ

チャーハンは、ごはんを
木ベラで切るように炒める

ホントのレシピ

チャーハンは、ごはんをお玉
で押しつけるように炒める

切るように混ぜていては、なかなかほぐれない

ごはんの粘りを出さないために「切るように混ぜる」といいといわれるが、実際はうまくいかず、かえって粘りが出てしまうことも。木ベラではなくお玉を使い、底をごはんに押しつけるようにすると、すぐにほぐれてごはんが広がる。そのため水分も蒸発しやすく、パラリと仕上がる。

うっかりレシピ

麻婆豆腐は、豆腐を水きりして使う

ホントのレシピ

麻婆豆腐は、豆腐をさっとゆでてから使う

水きりでは途中で水が出てくるので、味がぼんやりする

豆腐はほとんど水分でできているため、水きりしても調理の途中で水分が出てくる。豆腐にしっかりタレをからめる麻婆豆腐では、豆腐は水きりせず、さっとゆでて表面のたんぱく質を固めることが必要。こうすると味が薄まらず、豆腐がくずれにくくなるというメリットも。

うっかりレシピ

ウインナーは切り込みを入れてソテーする

ホントのレシピ

ウインナーはそのままソテーする

切り込みから
せっかくの肉汁が逃げていく

ウインナーを使うとき、斜めに切り込みを入れるのが普通になっているが、これは日本だけの常識。理由は、焼いているときに破裂しない、箸で持ちやすいなどあるが、いずれにしても肉汁が出てしまう。切り込みを入れず、弱火でゆっくり焼けば破裂せず、ジューシーに焼ける。

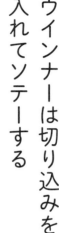

うっかりレシピ

エビは色が変わるまで、
さっとゆでる

ホントのレシピ

エビは色が変わってから、
1〜2分ゆでる

色が変わってすぐにあげると、臭みがとれない

エビをぷりぷりの食感にゆでるには、短時間でゆでるのがよいとされているが、時間が短すぎると生臭さが残ってしまう。エビは色が変わってから１〜２分ゆでることが必要。このとき、湯に酢を加えておくと、エビが縮むのを防ぐことができる。

うっかりレシピ

豚肉のショウガ焼きは、肉に調味料を漬け込んで焼く

ホントのレシピ

豚肉のショウガ焼きは、肉に調味料を漬け込まずに焼く

調味料を漬け込むと肉がかたくなるので、最後に調味する

ショウガ焼きは肉に下味をつけてから焼くのが主流だったが、それでは味はよくつくが、肉がかたくなってしまう。現在は、肉を焼いてから最後に一気に調味料やショウガを入れ、タレがからまるようにしっかりと焼くほうが主流。ショウガを最後に入れることで風味も増す。

うっかりレシピ

ブリの照り焼きは、タレに漬け込んで焼く

ホントのレシピ

ブリの照り焼きは、焼いてからタレをからめる

タレつきで焼くと焦げやすいので、最後にからめる

タレに漬け込んだブリを網で焼くのは、火加減の調整が難しく、プロならではの調理法。家庭で焼くなら、フライパンで最初にブリを焼いておき、最後にタレを加え、強火で煮詰めてからめていく。この方法でしっかりした味つけにするには、タレを濃いめにするのがポイント。

うっかりレシピ

ポテトサラダは冷蔵庫にしばらくおき、味をなじませる

ホントのレシピ

ポテトサラダは作ったら常温でその日のうちに食べる

デンプンが劣化して おいしくなくなる

サラダは冷たくするのが一般的だが、ポテトサラダは例外。ジャガイモはデンプンが多いため、温かいとホクホクするが、冷たくなるとデンプンが劣化して食感が悪くなる。ポテトサラダは、ジャガイモが人肌程度に冷めたくらいが一番おいしい。

✕ うっかりレシピ

酢の物は、合わせ酢と具材を和えて味をなじませる

○ ホントのレシピ

酢の物は、食べる直前に合わせ酢と具材を和える

和えてから時間がたつと水っぽくなっておいしくない

「味をなじませる」というのは、一般的には10分程度。作ってから時間がたつと余分な水分が出たり、色が悪くなったりする。何品か作るときは、具の下ごしらえと調味料を合わせるところまですませて冷蔵庫に入れておき、食べる前に和えると、ひんやりとおいしく仕上がる。

✕ うっかりレシピ

酢飯はうちわであおぎながら、ごはんに寿司酢を混ぜる

○ ホントのレシピ

酢飯はごはんに寿司酢を混ぜたら、うちわであおぐ

ごはんが冷めてしまうと調味料が染み込まない

ごはんに寿司酢を混ぜるのは、ごはんが熱いうちに終えることが大事なので、「うちわであおぎながら」というのは間違い。ごはんが冷めると寿司酢が染み込まず、ぼやけた味になってしまう。寿司酢を合わせてからうちわであおいでごはんを冷まし、同時に余分な水分をとばす。

うっかりレシピ

キノコの炊き込みごはんは、
米とキノコを合わせて炊く

ホントのレシピ

キノコの炊き込みごはんは、
キノコは別に煮て、
炊いたごはんに合わせる

キノコの水分量に左右されず、失敗なく炊ける

キノコは水分が9割という食材なので、米と一緒に炊くと水加減が難しく、水っぽくなることも多い。そこでキノコは別に煮て、その煮汁を加えてごはんを炊き、あとから合わせたほうが簡単。煮汁にはキノコのうまみが溶け出しているので、煮汁だけでもごはんは風味よく炊ける。

うっかりレシピ

カボチャは弱火で煮る

ホントのレシピ

カボチャは強火で煮る

強火で煮たほうが
ホクホクおいしくなる

カボチャは煮くずれしやすいので、静かに煮たほうがいいといわれるが、実は強火で煮るのがコツ。鍋にカボチャの皮を下にして入れ、煮ている間は返したりせず、一気に煮汁がなくなるまで煮詰める。すると水分がとび、調味料がからまり、ホクホクのツヤツヤの仕上がりに。

うっかりレシピ

キャベツのせん切りは水にさらす

ホントのレシピ

キャベツのせん切りは水にさらさない

水にさらすと ビタミンCなどの栄養が抜けてしまう

せん切りにしたキャベツは水にさらしてパリッとさせるというのが常識だったが、今は栄養的な観点からさらさないのが主流。キャベツをはじめ、野菜に多く含まれるビタミンCは水溶性なので、水にさらすと抜けてしまう。キャベツは先に水洗いしてから刻む。

うっかりレシピ

レンコンは皮をむく

ホントのレシピ

レンコンは皮をむかない

見た目は茶色くなるが、皮も食べられる

レンコンは皮をむくと白くてきれいなので、「皮をむき、切ったら酢水にさらす」というレシピが多い。しかし、これは見た目を重視したためのプロセス。レンコンの皮には栄養があるので皮つきのまま調理する。酢水にさらすと実の栄養も逃げてしまうので、さらすのもＮＧ。

うっかりレシピ

カブは茎を少し残して切る

ホントのレシピ

カブは茎を残さずにつけ根で切る

つけ根についた泥をきれいに落とすのは大変

カブを使ったレシピによく「茎は２cm残して切り落とす」と書かれているが、これは料理が仕上がったときの見た目を優先させたもの。実際は、茎のつけ根についている泥を落とすのに手間がかかり、落としきれないことが多い。現在は、茎は残さないで切り落とすほうが一般的。

うっかりレシピ

おひたしは、ゆでた青菜に
しょうゆをかける

ホントのレシピ

おひたしは、ゆでた野菜を
ひたし汁にひたす

しょうゆをかけるだけでは味が染み込まない

おひたしというと、「ゆでた青菜の水気をしぼって、しょうゆをかける」のが一般的になっているが、本当は違う。水気をしぼったらひたし汁に10～15分くらいおいて味を染み込ませるという料理。その際に出てきた水分をしぼり、最後に少ししょうゆをたらすと風味がアップする。

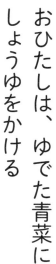

うっかりレシピ

冷しゃぶに牛肉を使う

ホントのレシピ

冷しゃぶに牛肉を使うと
おいしくない

牛肉の脂は融解温度が高く、口の中で溶けない

「冷しゃぶをちょっと豪華に牛肉で」と思っても、牛肉は冷えてしまうと口の中で脂が溶けないのでおいしくない。脂が溶ける融解温度を見ると、豚肉は33度～なので体温で溶けるが、牛肉は40度～なので溶けない。もし、牛肉を使うなら、脂肪がほとんどない赤身肉で。

こっちのほうがおいしいのに…

出し惜しみレシピ

料理のプロならではのコツが、意外にレシピに出し惜しみされている。しかし、わずかな差で料理の味は大きく変わるのだ。そんなとっておきのコツを一挙に公開。

出し惜しみレシピ

焼きそばを焼くとき、麺に水を加えてほぐす

ホントのレシピ

焼きそばを焼くとき、水は入れずにじっくり麺を焼く

麺の表面を焼いておくと、プロ並みのパリパリの焼きそばに

麺をほぐすために水を入れるといいというが、麺がやわらかくなりすぎて、仕上がりがべたついてしまう。麺は最初に、焦げ目がつくくらいしっかり焼いて水分をとばしておくことが大事。そのあと、麺を取り出して具を炒め、麺を戻すとパリパリの仕上がりに。

出し惜しみレシピ

ウインナーはゆでる

ホントのレシピ

ウインナーは沸騰直前の温度をキープしながらゆでる

熱湯でゆでると皮が破裂して肉汁が出てしまうことも

冷蔵庫から出したウインナーを熱湯に入れると、急激な温度変化で破裂しがち。お湯は熱湯ではなく、沸騰直前で火を弱め、90度くらいをキープし、ウインナーを3分ほどゆでる。肉汁を守るために、ウインナーに切れ目を入れないこと。

出し惜しみレシピ

チキンソテーは、フタをして火を通す

ホントのレシピ

チキンソテーは、フタをしないで弱火でじっくり火を通す

フタをすると蒸し焼きになるので、皮がパリッと焼けない

鶏もも肉は厚みがあって火が通りにくいため、フタをするといいというが、それでは皮がパリッと仕上がらない。フタをしないで焦がさずに焼くコツは、最初から弱火でじっくり火を通すこと。そうすると中まで火が通っても肉がかたくならず、皮が適度にパリッとする。

出し惜しみレシピ

豚汁を作るとき、
みそは最後に加える

ホントのレシピ

豚汁を作るとき、
みそは二度に分けて加える

豚肉は味が染み込みにくいので、途中でみそを加えておく

「みそは最後に入れる」というルールを守ると、豚汁はぼんやりした味に仕上がってしまう。炒めた具にだし汁（または水）を加えて沸騰したら、そこでみその半量を加え、具にしっかり味をつけること。残りのみそを最後に加えれば、みその香りが生きた仕上がりとなる。

出し惜しみレシピ

ナポリタンは最後に
ケチャップで味つけする

ホントのレシピ

ナポリタンは具材と一緒に
ケチャップも炒めてから、
パスタを入れる

ケチャップの水分がとぶので、パスタがべたつかない

最後にケチャップを入れると、パスタがケチャップの水分を吸ってやわらかくなりすぎる。具材と一緒にケチャップを炒めると水分がとんで、パラリとした仕上がりになる。また、炒めることでケチャップの酸味が緩和され、うまみを引き出すという効果も。

出し惜しみレシピ

エビフライは、パン粉をつけて揚げる

ホントのレシピ

エビフライは、湿らせたパン粉をつけて揚げる

衣がサクサクのエビフライを揚げるには、衣を湿らせておく

レシピに「パン粉」とあるときは乾燥パン粉を想定しているが、それでサクッとしたフライを作るなら工夫が必要だ。あらかじめ、パン粉に水を霧吹きなどでかけてなじませ、湿らせておく。このひと手間を省くなら、乾燥パン粉ではなく、水分量の多い生パン粉を使えばサクサクに揚がる。

出し惜しみレシピ

ハンバーグに、玉ネギのみじん切りを生のまま加える

ホントのレシピ

ハンバーグに、玉ネギのみじん切りを炒めて加える

加熱した玉ネギの甘みに肉の臭みを消す効果が

ハンバーグに入れる玉ネギは好みにもよるが、加熱して甘みを引き出してから入れると、仕上がりの風味がよい。どんな食材であっても、甘みには臭みをマスキングする効果があるため、玉ネギの甘さが肉の臭みを消してくれる。玉ネギはよく加熱し、冷ましてからひき肉と混ぜる。

出し惜しみレシピ

ピーマンの肉詰めは、肉ダネのつなぎにパン粉を使う

ホントのレシピ

ピーマンの肉詰めは、肉ダネのつなぎにごはんを使う

ごはんのほうが接着効果が高く、ピーマンからはがれない

肉ダネのつなぎといえばパン粉が一般的だが、ごはんを使うという方法も。パン粉よりもっちりとした仕上がりになり、そのモチモチ感から接着効果が高く、焼いたときにピーマンがはがれにくくなる。つなぎとしてのごはんは温かいものより、粘りのある冷やごはんが向いている。

出し惜しみレシピ

カリカリベーコンは、カリカリになるまで火にかける

ホントのレシピ

カリカリベーコンは、両面に焦げ目がついたらペーパーにとる

フライパンで焼き続けると、カリカリというよりギトギトに

カリカリベーコンはフライパンにベーコンを入れ、弱火で脂が出きるほど炒めるが、脂の量が多いため、途中でペーパーにとったほうが脂がすっきりきれる。もしくは、出てきた脂をペーパーで数回拭き取ると、ギトギトではなく、カリカリに仕上がる。

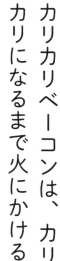

出し惜しみレシピ

アサリの酒蒸しは、
殻が開くまで蒸し煮にする

ホントのレシピ

アサリの酒蒸しは、
殻が1個開いたら
火を止め、余熱で蒸らす

すべての殻が開くまで加熱していると身が縮んでかたくなる

アサリは、火が通りばなのぷっくりふくらんだところを食べるのが一番おいしいが、火が通りやすいので、つい加熱しすぎてしまうことに。そんな失敗を防ぐ方法は、殻が１～２個開いたところで火を止め、フタをしたまま２分ほどコンロにかけておくこと。余熱で十分に火が通るため、残りの殻も開いていく。

×出し惜しみレシピ

キムチ鍋のキムチは、最後に入れる

○ホントのレシピ

キムチ鍋のキムチは、最初に炒める

キムチは調味料としてではなく、最初に炒めることでだしの役割に

キムチの風味を生かすために最後に入れるというレシピが多いが、実は、先に炒めておいたほうがうまみが３割以上アップする。鍋にごま油とキムチを入れてよく炒め、水分をとばして味を凝縮。この工程でうまみ成分のアミノ酸が増え、風味も香りもよくなる。

出し惜しみレシピ

うどんをゆでるときは、差し水をする

ホントのレシピ

うどんをゆでるときは、かき混ぜず、差し水もしない

吹きこぼれない程度の沸騰直前の湯で何もせずにゆでる

沸騰したたっぷりの湯にうどんを入れたら、1回かき混ぜてほぐし、火を弱めて調節し、あとは放っておく。グラグラ煮立てたり、かき混ぜすぎると、うどんの表面のデンプンが溶け出してべたついた仕上がりになってしまう。途中で差し水をすると、湯温を下げてゆで時間を長引かせるだけなのでＮＧ。

出し惜しみレシピ

豆モヤシは、さっとゆでる

ホントのレシピ

豆モヤシは、7~8分蒸しゆでにする

大豆を発芽させたものなので、豆に火を通さないと青臭さが残る

普通のモヤシをゆでるときはシャキシャキ感が残るよう、さっとでいいが、豆モヤシの場合は、豆にきちんと火を通して青臭さを抜くことが必要。鍋に豆モヤシ、少量の塩と水を入れ、フタをして7～8分蒸しゆでにする。冷水にとらず、水気をきってそのまま冷ましたほうがうまみが残る。

出し惜しみレシピ

カリフラワーは、ゆでたり炒めたり必ず加熱する

ホントのレシピ

カリフラワーは、生でもおいしく食べられる

青臭さがなく、コリコリした適度な歯ごたえと食感を楽しめる

カリフラワーは、日本のレシピではゆでて使うのが当たり前になっているが、アメリカなどでは生のまま食べるのも普通。コリコリとした独特の食感があり、ビタミンCなどの栄養素も逃さずにとれる。ほかの野菜と合わせ、マヨネーズやドレッシングでサラダにすると美味。

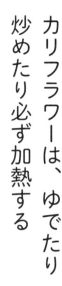

出し惜しみレシピ

コンニャクは
油をひいて炒める

ホントのレシピ

コンニャクは最初に
油をひかずにから煎りする

コンニャクに味をよく染み込ませるには、から煎りして水分をとばす

コンニャクは水分が多い素材なので、調理する前の下ごしらえが必要。炒め物の場合は、いきなり油で炒めても油の膜ができるだけで、調味料は染み込まない。まず、油なしでじっくりから煎りして水分をとばしておくと、そのあと短時間で味が染みる。

✕ 出し惜しみレシピ

煮物の味を調えるとき、
塩やしょうゆを加える

○ ホントのレシピ

煮物の味を調えるとき、
だしを加える

味が薄いと思ったら
調味料よりも、まずはベースを調える

味はいろいろな調味料のバランスによって、「おいしい・まずい」が決まるので、塩分だけが強くなってもおいしいとは限らない。味が薄い、ぼんやりしていると思ったら、だしの素を加えてみると、「だしのうまみ＋塩分」で味が決まり、しかも塩分控えめでおいしく出来上がる。

✕ 出し惜しみレシピ

白菜は外側の葉から使う

○ ホントのレシピ

白菜は内側の葉から使っていく

一番甘みがある中心部から使うと、
外側の葉もだんだん甘くなっていく

球状になっている野菜は、たいがい外側の葉から使っていくが、白菜は先に中心部を使うのがおすすめ。白菜の中で一番甘さがあり、かつ、中心部がなくなった外側の葉は、どんどんうまみ成分や糖を増やして、甘くおいしくなっていくことがわかっている。

出し惜しみレシピ

ユズの果汁をしぼる

ホントのレシピ

ユズは皮を下にしてしぼる

皮に強い香り成分があるので、皮の組織をつぶすようにしぼる

ユズは料理のあしらいとして薄くそいだ皮を使うことがあるが、本当は皮をつぶすようにしてしぼり、細胞の中にある香気成分を引き出すことが大事。ユズを半分に切り、皮を下にしてギュッとしぼると、香り成分がしぼり出され、果汁も有効活用できる。

出し惜しみレシピ

掘りたてのサツマイモは早めに食べる

ホントのレシピ

サツマイモは1~2週間おいてから食べる

水分がとんで味が凝縮され、デンプンの糖化が進んで甘くなる

野菜は新鮮なほどおいしいものだが、サツマイモにはある程度の熟成期間が必要。すぐに食べることもできるが、掘りたては水分が多く、甘みが少ない。1～2週間ほど寝かせることでデンプンの糖化が進み、甘みが凝縮したホクホクのサツマイモに熟成する。

出し惜しみレシピ

シイタケは冷蔵庫で保存する

ホントのレシピ

シイタケは冷凍庫で保存する

冷凍することによって細胞が壊れ、うまみや香りの成分が働き出す

冷凍して細胞にダメージを与えることは、たいがいの食材ではマイナスになるが、シイタケの場合は、細胞が壊れることで活性化する成分が含まれている。そのため、使う大きさに切ってひと晩冷凍しておけば、翌日、うまみと香りの増したシイタケに変身。凍ったまま煮たり、炒めたりできる。

出し惜しみレシピ

あまったコンニャクは
水につけて保存する

ホントのレシピ

あまったコンニャクは
元の水につけて保存する

新しい水につけるより、製造過程と同じ環境で保存したほうが日持ちする

コンニャクの袋の中に入っている水は、製造過程で使う水酸化カルシウムと同様のアルカリ性に保たれている。そのため真水より殺菌性があり、あまったコンニャクを戻しておくと、保存期間が長くなる。ちなみに、豆腐は新しい水につけておき、いい水を使えば豆腐の中の水と入れ替わるため、味もよくなる。

出し惜しみレシピ

コンニャクを切る

ホントのレシピ

コンニャクは手でちぎる

表面がデコボコになるため、面積が広がって味が染みやすくなる

コンニャクそのものには味があまりないので、煮汁や調味料をよく染み込ませることが大事。手でちぎって表面積を大きくすることで、味を染み込みやすくさせる。包丁で切る場合は、表面に格子状に細かく切り込みを入れるか、飾り切りのひとつである「手綱切り」にする。

出し惜しみレシピ

うざくは、ウナギのかば焼きとキュウリを合わせて三杯酢をかける

ホントのレシピ

うざくは、ウナギを温めてからキュウリと合わせて三杯酢をかける

うざくは本来、焼きたてのかば焼きと冷やしたキュウリを合わせた料理

うざくは「酢の物」に分類されるが、一般的な酢の物と違うのは、冷たい料理ではないこと。もともとは、焼きたてのアツアツのウナギにキュウリの酢の物を合わせて温度差を楽しむという粋な料理。市販のかば焼きを使う場合も、温めてから合わせるとより本来の味に近くなる。

出し惜しみレシピ

たこ焼きは、よく返しながら焼く

ホントのレシピ

たこ焼きを返すのは、直角に2回まで

中央に空洞を作ると、表面がサクッとし、中がふわふわの食感になる

たこ焼きはくるくる返しながら焼くというイメージがあるが、それでは中に空気層ができず、べったりとした出来上がりに。生地を流し、底が固まったら90度回転させ、また固まったら90度回転させ、あとは焼き上がるのを待つ。すると中に空気が含まれ、ふんわりとした食感に。

出し惜しみレシピ

米は常温で保存する

ホントのレシピ

米は冷蔵庫の野菜室で保存する

常温で保存できるが、
米ヌカは空気に触れると酸化が進む

米は日持ちがよく、非常食としても活躍するが、実は、米ヌカはどんどん酸化していくので、味が落ちる。冬は１カ月～１カ月半、夏は２週間をめどに、密閉袋や密閉容器に入れて冷蔵庫の野菜室で保存するのがベスト。開封しなければ非常食用として１年は持つといわれる。

本当はこういうことだった！

不親切なレシピ

「みんな知っているはず」という発信者の思い込みで、基本の手順が省略されているのはよくあること。料理ビギナーにとって大切なのはそこ。基本を確認しておこう。

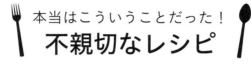

不親切なレシピ

トマトの湯むきは、水にとって皮をむく

ホントのレシピ

トマトの湯むきは、水にとって水気を拭き取ってから皮をむく

水にさらしたまま皮をむくと、果肉が水気を吸ってどろっとする

トマトの皮は口に残りやすいのでむいて使うことがあるが、その際に行うのが湯むき。トマトを熱湯につけたあと水にとると皮がはじけるので、むきやすくなる。しかし、そのまま水の中で皮をむくのはＮＧ。水からあげて水気を拭いてむくと、果肉が水っぽくなるのを防げる。

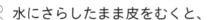

不親切なレシピ

青菜はたっぷりの熱湯でゆでる

ホントのレシピ

青菜はたっぷりの熱湯で小分けにしてゆでる

家庭の鍋の大きさには限度があるので、青菜の量を少なくする

ホウレンソウなどの青菜は１把《わ》がだいたい200～300g。「たっぷり」とは青菜の５倍以上のことなので、湯を沸かして青菜も入れるとなると、家庭にある鍋では限界が…。青菜を一気にゆでる必要はないので、小分けにしたほうが湯の温度も下がらず、シャキッとゆで上がる。

不親切なレシピ

シシトウを炒める

ホントのレシピ

シシトウは、竹串などでいくつか穴をあけて炒める

そのまま炒めると破裂して、油が飛び散ることも

シシトウの下処理について触れていないレシピが多いが、シシトウはそのまま炒めたり、揚げたりすると、途中で破裂することが多いので注意。調理の前に、竹串で穴をあけたり、包丁でスッと切れ目を入れることが必要である。種は食べられるので取り除かなくてもＯＫ。

不親切なレシピ

ブロッコリーは小房に分ける

ホントのレシピ

ブロッコリーは、大きめの房は根元に切り込みを入れて手でさく

小房に分けたあと、サイズをそろえないと火の通り方にバラつきが

ブロッコリーの房には大小があるので、大きいものは切り分けることが必要。そのとき、包丁で切るとつぼみの部分がポロポロ飛び散って無駄がいっぱい出てしまう。レシピには書いてないが、房の根元に少し切り込みを入れて手で裂くのが、賢い方法。

不親切なレシピ

玉ネギは薄切りにする

ホントのレシピ

玉ネギは、甘みがほしいときは、繊維に直角に切る

薄切りの仕方には２種類あるので、料理や好みに合わせる

玉ネギの薄切りというと、繊維に沿って縦に切るのが一般的だが、これは日本の常識。西洋料理では繊維に対して直角に切るほうが普通。縦に切ると辛みが出て、シャキシャキした食感になるのに対し、横に切ると甘みが出てやわらかくなる。料理や好みに合わせて切り分けて。

不親切なレシピ

キャベツをせん切りにする

ホントのレシピ

キャベツは芯や葉脈に直角にせん切りにする

直角に切るのが一般的だが、切り方で食感が変わる

キャベツをせん切りにするときは、葉を１～２枚はがしてくるくる丸めるが、丸める方向によって、芯に対して直角に切るか、沿うように切るかに分かれる。一般的なのは直角に切るほうで、キャベツの繊維を断ち切るため、ふんわりとした食感になる。シャキシャキした食感にしたいときは、沿うように切るといい。

✕ 不親切なレシピ

ひと晩寝かせる

◯ ホントのレシピ

冷蔵庫に8～10時間おく

ひと晩ではなく、朝仕込んで夕飯で調理してもいい

タンドリーチキンやスペアリブなど、タレに漬けてひと晩寝かせるというレシピがあるが、必ずしも夜に仕込まなくていい。ひと晩というのは時間にすれば８～10時間なので、その日の夕食のために朝仕込んでもＯＫ。ただし、日昼、冷蔵庫の開閉が多い場合は庫内の温度が上がるので、時間は長めに見ておく。

不親切なレシピ

バターは室温にもどす

ホントのレシピ

バターは18度くらいの室温にもどす

夏は完全に室温にもどすと適温より高くなってしまうことも

お菓子を作るときは、バターなどの素材の温度管理が大事。冷たいままでは混ざりにくいので、冷蔵庫から出して室温にもどすが、これは室温が18度くらいの場合。夏場などで室温が高いときは、30分くらいをめどに、指で触ってやわらかくなったかどうか確認する。

不親切なレシピ

酒を入れて
アルコールをとばす

ホントのレシピ

**酒を入れたら、
5分ほどグラグラ煮立てる**

アルコールをとばすには煮立てる時間が必要

料理に酒を使うのは、うまみやコクをプラスするためでアルコール分は必要ない。アルコールがきちんと蒸発しないと、仕上がりが酒臭くなってしまうので、酒を加えたら５分ほどグラグラ煮立たせる。アルコールが含まれている本みりんを使う場合も同様にする。

不親切なレシピ

水溶き片栗粉でとろみをつける

ホントのレシピ

水と片栗粉が1対1の水溶き片栗粉でとろみをつける

水の量が多すぎると、なかなかとろみがつかずぼやけた味になる

水溶き片栗粉は目分量で作る人が多く、あるアンケートでは「水４：片栗粉１」の割合が多いという結果も。水が多いと料理の温度が下がってとろみがつかず、味も薄まってしまう。レシピでは「水溶き片栗粉　適量」などと書かれているが、基本は、片栗粉大さじ１に対して、水も大さじ１の同量と覚えておこう。

不親切なレシピ

揚げ物はしっかり油をきる

ホントのレシピ

揚げ物は、網に並べて立てて1～2分おいて油をきる

鍋の上で振るだけでなく、その後の油きりも重要

揚げたものはいったんバットにとるが、その際、横にして置いたり、重ねたりすると衣がベタッとしてしまう。バットに網を敷き、網の間に立てて並べて１～２分おくと、油がすっきりきれる。ちなみに、揚げ物は時間がたつとベタついてくるので、早く食べること。

不親切なレシピ

焼き魚は塩をふって焼く

ホントのレシピ

焼き魚は塩をふって、5～10分おいてから焼く

塩には味つけ以外の効用があり、ある程度の時間をおくことが必要

魚に塩をふるのは味つけもあるが、身を引き締め、臭みを抜くという効果を狙ったもの。だから塩をふってすぐに焼くのではなく、効果を引き出すために時間をおく。白身魚は臭みが少ないので5～10分程度。青魚は塩が浸透しにくいので20～30分おく。

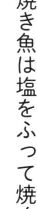

不親切なレシピ

カキは片栗粉をまぶして洗う

ホントのレシピ

カキは塩水で振り洗いする

わざわざ片栗粉や大根おろしを使って洗わなくても汚れは取れる

カキの洗い方にはいろいろあり、片栗粉や大根おろしを使って洗ったりするのがいいというが、カキの汚れはそこまでしなくても落ちる。ただし、普通の水では浸透圧の関係でうまみが逃げてしまうので、海水程度の塩水を作り、カキをザルに入れて、その中で振り洗いする。

不親切なレシピ

レバーは臭みや血抜きのために、水や牛乳につける

ホントのレシピ

レバーは臭みや血抜きのために、牛乳に15分ほどつける

15分以上つけると、うまみも栄養も抜けてしまう

レバーの血抜き方法はいろいろあるが、水か牛乳かといえば、ビタミンCなど水溶性の栄養成分が溶け出しにくい牛乳がおすすめ。しかし、牛乳といえども、時間は15分が限度。さらしすぎると臭みはなくなるが、うまみや栄養分が失われる。

不親切なレシピ

ジャガイモの芽は取る

ホントのレシピ

ジャガイモの芽と、芽の周りの果肉も取る

ソラニンという毒は芽の周辺にもある

ジャガイモの芽には、中毒症状を起こすソラニンが含まれていることは知られているが、気をつけたいのは、その周辺にも毒があること。ピーラーや包丁で皮をむいたら、そのあと、ピーラーの突起や包丁の角を使い、芽の周辺の果肉までしっかり取り除こう。

× 不親切なレシピ

ホウレンソウはゆでて
水にさらしてアクを抜く

○ ホントのレシピ

ホウレンソウは、1分ほど
ゆでて、30秒ほど水にさらす

アク抜きは必要だが、
ゆですぎ、さらしすぎは栄養分も抜ける

ホウレンソウにはシュウ酸というアクが含まれていて、これが腎臓結石などの原因になるといわれている。そのため、ゆでて水にさらすという下処理が必要。ただし、ホウレンソウにはビタミンCや葉酸などの栄養素も豊富なので、ゆでるのも、さらすのも短時間にする。

不親切なレシピ

お玉でアクを取る

ホントのレシピ

お玉をぬるま湯で洗いながらアクを取る

水ではアクが溶けないので、鍋に戻ってしまう

煮物や鍋物でアクを取るとき、間違いがちなのが、お玉を水で洗うこと。野菜だけのアクならいいが、肉のアクには脂がたくさん含まれているので、水で洗うとアクが固まってしまい、また鍋に戻すことになる。肉のアクを取るときは、ぬるま湯で洗いながらにする。

不親切なレシピ

餃子が焼き上がったら、フライ返しではがす

ホントのレシピ

餃子が焼き上がったら、濡れぶきんの上にフライパンを10秒ほどのせて、少し冷やしてはがす

底を冷やすと、餃子がフライパンからきれいにはがれやすい

餃子はうまく焼き上がっても、フライパンから取り出すときに皮が破れてしまってガッカリすることも。焼き上がったら、フライパンの底を濡れぶきんで冷やすと温度が100度まで下がるため、皮がきれいにはがれるようになる。ちなみに、冷やしすぎてもはがれないので注意。

不親切なレシピ

ハンバーグに
炒めた玉ネギを入れる

ホントのレシピ

ハンバーグに約10秒強火で
炒めた玉ネギを入れる

じっくり炒めると
水分がとんでパサパサの一因に

ハンバーグに玉ネギを入れるのは、味の面でのプラスもあるが、玉ネギが持つ水分でジューシーに仕上がるという側面もある。だから、玉ネギの水分がなくなるまでしっかり炒めるのはＮＧ。しっとり感が残るように強火でぱっと炒め、冷ましてからほかのタネと合わせるのがポイント。

不親切なレシピ

ロールキャベツを
鍋に入れて煮る

ホントのレシピ

ロールキャベツを
鍋に隙間なく入れて煮る

煮くずれしないよう、鍋のサイズにも気をつける

ロールキャベツが煮ている間にほぐれてくるのは、量と鍋のサイズが合っていないのも原因のひとつ。汁が煮立ってもロールキャベツが鍋の中で動かないよう、隙間なくぴっちりと詰められる鍋を選ぶ。もしくは、ロールキャベツの量を調節する。

不親切なレシピ

唐揚げを作るとき、鶏もも肉はひと口大に切る

ホントのレシピ

唐揚げを作るとき、鶏もも肉は繊維に逆らってひと口大に切る

肉の繊維を断つことで、ふんわりとやわらかい唐揚げになる

肉には繊維があり、繊維にそって切るか、逆らって切るかでは仕上がりの食感が変わってくる。鶏肉を横にして置くと、繊維は左右に走っているので、端から切っていくと繊維に逆らうことになる。このほうが加熱したときに肉が縮まないし、かたくならない。

不親切なレシピ

鶏もも肉をレンジで蒸して
冷ます

ホントのレシピ

鶏もも肉を
レンジで蒸したら、
ラップをしたまま冷ます

すぐに冷まそうとラップをはずしておくと、乾いてしまう

バンバンジーなどに使う蒸し鶏は、電子レンジで加熱するとお湯を沸かす手間が省けて便利。ただし、鶏肉は保水性が低いため、冷ますときにラップをはずしてしまうと乾燥してしまう。加熱したら、ラップをしたままゆっくりと冷ますと、しっとりやわらかい蒸し鶏ができる。

不親切なレシピ

薄焼き卵は卵液に
塩を加えて作る

ホントのレシピ

薄焼き卵は卵液に
塩と片栗粉を加えて作る

片栗粉によって破れにくくなるので、裏返しやすい

薄焼き卵は、薄いほど繊細で上品に仕上がるが、フライパンで裏返すときに破れてしまうことも。そこで、溶いた卵に塩のほか、少量の片栗粉を加えておくと裏返しやすくなる。また、薄焼き卵で酢飯を包む茶巾包みといった細工もしやすくなる。

不親切なレシピ

卵焼きは
卵をよく溶きほぐす

ホントのレシピ

卵焼きは卵を泡立てないように、よく溶きほぐす

しっかり固まり、均一に滑らかに出来上がる

黄身と白身は熱によって固まる温度が違うので、卵はよく混ぜるほど黄身と白身が一体になり、均一に焼き上がる。しかし、泡立てるように混ぜると気泡ができることがあり、この気泡が破裂したり、くずれる原因に。卵焼きの卵は静かに、よくかき混ぜるのがポイント。

不親切なレシピ

カボチャの煮物は、鍋に煮汁とカボチャを入れて火にかける

ホントのレシピ

カボチャの煮物は、鍋に煮汁とカボチャを皮を下にして入れて火にかける

皮を下にしないと煮くずれる。途中でひっくり返すのもＮＧ

カボチャを煮るときは、鍋に入れるときの向きに注意。カボチャがあちこち向いていると、やわらかい実の部分から煮くずれるので、皮を下にし、鍋の中で動かないようにピッチリと敷き詰める。この状態で、途中で返さず、動かさず、最後まで煮詰める。

不親切なレシピ

鍋にカブと煮汁を入れて煮る

ホントのレシピ

カブは小さい鍋に入れ、煮汁をひたひたに注いで煮る

大きい鍋で煮ると、対流が起きて煮くずれしやすい

「煮物の汁の量は目分量で入れる」という人が多いが、具材と汁の関係は大事。カブはやわらかいので、大きい鍋でたくさんの汁で煮ると、対流が起きて煮くずれの原因になる。小さい鍋に入れ、煮汁をひたひたの少なめの量にし、弱火で煮る。

不親切なレシピ

シジミやアサリのみそ汁は水からゆでる

ホントのレシピ

シジミやアサリのみそ汁は、弱火でゆっくり水からゆでる

火が強いと沸騰までの時間が短く、うまみが出ない

貝のみそ汁がおいしいのは、貝のうまみが汁によく出ているからで、ほかのだしがいらないのが便利なところ。うまみをよく出すには、水から弱火でゆっくり加熱する。煮立ったら手早くみそを溶いて火を止め、必要以上に長く煮すぎないのもおいしく仕上げるコツ。

不親切なレシピ

そぼろを作るとき、箸でよく混ぜる

↓

ホントのレシピ

そぼろを作るとき、箸4～5本でよく混ぜる

菜箸１膳で混ぜていても、なかなか水分はとばない

ひき肉でも卵でも、そぼろをポロポロの状態に仕上げるには、よくかき混ぜて水分をとばすことが大事。そのとき、菜箸１膳でやっていても、なかなか水分はとばないので、一度に４～５本の菜箸を指の間に入れて広げて持ち、前後左右にまんべんなく動かす。

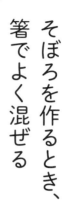

不親切なレシピ

ケーキを作るとき、
粉をふるう

ホントのレシピ

ケーキを作るとき、粉は
1回ではなく、3回ふるう

粉にダマがあると、ふっくら焼き上がらない

ケーキ作りで小麦粉やベーキングパウダーなどの粉をふるうのは、ダマを解消し、空気を含ませてふんわりさせるため。レシピでは回数が書かれていないが、実は3回ふるわないとダマはなくならない。粉を目の細かいザルに入れ、ていねいに3回ふるうと焼き上がりが全然違ってくる。

不親切なレシピ

ケーキを作るとき、粉はさっくり混ぜる

ホントのレシピ

ケーキを作るとき、粉は練らずによく混ぜ合わせる

さっくりとは

「軽く混ぜる」という意味ではない

卵などを泡立てたあと、小麦粉を加えてさっくり混ぜるというが、これはゴムベラなどを使い、生地を底からすくい上げ、切るように混ぜることをいう。大事なのは、泡立てた生地の泡をつぶさないこと。小麦粉自体はよく混ぜないとふくらまないので、よく混ぜることが必要。

不親切なレシピ

フライパンに油をひく

ホントのレシピ

フッ素樹脂加工のフライパンなら原則的に油は必要ない

「油をひく」というのは焦げつき予防のために薄く油を塗ること

鉄のフライパンでは、食材の焦げつき予防のために、フライパンに油をさっと塗ることが必要で、これを「油をひく」という。フッ素樹脂加工のフライパンは焦げつかないので、油をひく必要はない。ただし、味の面で油を使うことはある。

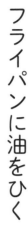

×不親切なレシピ

「材料2人分」のレシピで1人分作るときは、すべて半分にする

○ホントのレシピ

「材料2人分」のレシピで1人分作るときは、食材や調味料は半分に、水分は多めにする

水分量が少ないとすぐに蒸発し、調理ができないことも

料理を少ない量で作るときに注意したいのが水分量。2人分で100mℓのものを1人分だからと50mℓにすると、水分が早く蒸発してしまって、焦げついたり、味が濃すぎることがある。量に合わせた小さい鍋で作るならいいが、とくにフライパンなど口径の大きい鍋で作るときは、だし汁や水は多めに調節する。

不親切なレシピ

赤ピーマンと赤パプリカは同じもの

ホントのレシピ

赤ピーマンは完熟したピーマンで、赤パプリカとは別もの

食感が違うので、単純に代用できない

同じトウガラシの仲間で似たような見た目だが、赤ピーマンにはピーマンのようなシャキシャキした食感があり、赤パプリカは肉厚で水分量が多く、やわらかい。よく「どちらでも可」というように書かれているレシピがあるが、出来上がりが違うので気をつけよう。

✕ 不親切なレシピ

フレンチやイタリアンのレシピのエシャロット

○ ホントのレシピ

日本のスーパーなどで売られているエシャロットとは別もの

日本のエシャロットは早採りラッキョウのこと

本物のエシャロットは玉ネギに似た形をしていて、辛みが強く、ニンニクなどと同様に香味野菜として加熱して使われる。一方、日本のエシャロットは細長く、ラッキョウの若芽なので、生でも食べられる。本物のエシャロットを生食のまま使うことはないので、混同しているレシピに注意。

不親切なレシピ

卵を割る

ホントのレシピ

卵は平らなところで割る

シンクや茶わんの角に当てて割ると、殻が混ざりやすい

卵の殻はちょっと刺激を与えるだけでひびが入るので、シンクなどの角に当てると殻がはじけて入り込む確率が高くなる。それが原因で黄身が破れてしまうことも。習い性でついやりがちだが、卵はキッチン台など、平らなところにコツンと当てるだけできれいに割れる。

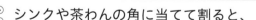

✕ 不親切なレシピ

カボチャを切る

〇 ホントのレシピ

カボチャを電子レンジにかけて、やわらかくして切る

かたいカボチャの皮に無理して包丁を入れなくてOK

カボチャの皮はかたいので、家庭用の包丁ではなかなかスパッと切れないのが普通。レシピでは省略されているが、カボチャをラップに包み、電子レンジで1/4個分につき１～２分加熱すると、やわらかくなって切りやすくなる。少し火が入るが、カボチャは生のまま食べることがないので、料理への影響は心配なし。

不親切なレシピ

高野豆腐は湯につけてもどす

ホントのレシピ

高野豆腐は、70～80度の湯につけてもどす

熱湯はＮＧ。
表面ばかりもどって、中に芯が残る

高野豆腐を熱湯につけるとどんどんもどるので、効率がいいように見えるが中に芯が残る。そして中までもどすと、今度は表面がくずれてしまう。高野豆腐は70～80度の湯で、ゆっくりもどすのがポイント。ただし、最近はもどさなくても使える製品があり、もどすとドロドロになるので注意。

つい、やってしまいそう…

なんとなくレシピ

素材はすべて洗ってから使う、下ゆでするなど、自分勝手な判断でやっていることは多いもの。そんな自己流の作り方を見直してみれば、料理はもっとおいしくなる！

なんとなくレシピ

青菜をゆでるとき、
フタをする

ホントのレシピ

青菜をゆでるときは、
フタをしない

火が早く通ることはなく、色がどす黒くなるだけ

青菜をゆでるときにフタをするのが習慣になっている人がいるが、フタをすると青菜の成分の酸が蒸発せずに湯に戻ってしまう。また、フタをしても火が早く通ることはない。色よくゆでるためには、フタをしないでさっと火を通すこと。

なんとなくレシピ

ジャガイモは切ったら水にさらす

ホントのレシピ

ジャガイモは用途によって、水にさらさないほうがいい場合もある

ガレットやグラタンなどは、水にさらすとうまく作れない

ジャガイモを水にさらすかどうかは、料理によって変わってくる。水にさらすと表面のデンプンが洗われてくっつきにくくなるため、フライドポテトや炒め物などではさらすほうがいい。しかし、ガレットやグラタンなどでは、デンプンのぬめりがあったほうがいいので、切ったらそのまま使う。

なんとなくレシピ

枝豆はゆでたら水にとる

ホントのレシピ

枝豆はゆでたらザルにとって、そのまま冷ます

水にとると、水っぽくなってうまみが逃げる

枝豆はアクがないので、ゆでたあと、水にとる必要はない。水にとると水分を吸ってベチャッとなり、豆のうまみも逃げていく。ゆでたあとは、そのまま冷めるのを待つか、早く冷ましたいときはうちわであおぐ。扇風機の風に当てて冷ますという方法もある。

なんとなくレシピ

厚焼き卵は弱火で焼く

ホントのレシピ

厚焼き卵は強火で焼く

水分がとぶので、コシのある仕上がりになる

卵液を薄く流し入れて、何回も重ね焼きしていく厚焼き卵。弱火でゆっくり作るほうが、気持ちが焦ることなく作れるが、やわらかすぎて、ふにゃふにゃした仕上がりに。強火で作ると、水分がとんで焼き締まる。コシのある厚焼き卵は冷めてもおいしい。

なんとなくレシピ

煮魚を作るとき、煮汁が煮立つ前に魚を入れる

ホントのレシピ

煮魚を作るとき、煮汁が煮立ってから魚を入れる

煮立つ前に入れると、魚臭さが汁に移る

ひと昔前までは、鍋に煮汁と魚を入れてから火にかけるレシピがあったが、それでは魚の生臭さが汁に移ってしまう。煮魚は、強火で汁を煮立てたところに魚を入れ、表面が固まるまで強火で煮るのがポイント。そのあとも少し火を弱めるだけで一気に煮る。

なんとなくレシピ

煮魚は弱火でじっくり煮る

ホントのレシピ

煮魚は強火で短時間で煮る

じっくり煮ると魚がかたくなってパサパサに

煮魚は長時間煮込んで、味をよく染み込ませる料理だと勘違いしていることが多いが、本当は短時間で煮て、魚をふっくらと仕上げるもの。最後に、強火で煮詰まった濃い汁をからめれば出来上がり。弱火でじっくり煮ると、魚からだしが出てしまい、身がかたくなってパサパサになる。

なんとなくレシピ

ステーキに塩こしょうしてしばらくおく

ホントのレシピ

ステーキに塩こしょうしたら、すぐに焼く

時間がたつと、塩の作用で肉がかたくなる

ステーキ肉に塩、こしょうをふるのは味つけなので、時間をおいて染み込ませる必要はない。時間をおくと、塩の身を引き締める作用で肉がかたくなり、水分が出てくるため、うまみも一緒に流出してしまう。焼く直前に塩、こしょうを両面にふって、すぐに焼くこと。

なんとなくレシピ

ステーキは
フタをして焼く

ホントのレシピ

ステーキは
フタをせずに焼く

フタをすると、
蒸れてしまって香ばしく焼けない

フタをしないで焼くと、表面は焼けても中が生焼けということがある。そのため、フタをして焼きたくなるが、それでは蒸し焼きになって表面がカリッと香ばしくならない。中が生焼けになるのは火が強すぎるせいなので、フタをせず、弱火でゆっくり焼けばＯＫ。

なんとなくレシピ

フライや鍋料理に
生食用のカキを使う

ホントのレシピ

フライや鍋料理には、
加熱用のカキを使う

生食用は滅菌処理されているので味が薄くなる

生食用と加熱用の違いは鮮度ではなく、どれくらい滅菌処理されているか。もちろん生食用のほうが処理時間が長いので安全性が高いが、そのぶん、カキのうまみ成分が減少している。加熱して食べるなら、うまみもコクもしっかり残っている加熱用がおすすめ。

✕ なんとなくレシピ

昆布をミネラルウォーターにつけてだしをとる

○ ホントのレシピ

昆布を水道水につけてだしをとる

硬水もしくはミネラルが多い水では うまみが出にくくなる

だしをとるときは水にもこだわりたくなるが、ミネラルウォーターを使う場合は「硬度」に注意。ミネラル分が多い硬水を使うと、カルシウムが昆布の表面に付着して、うまみ成分が出にくくなる。硬度が100以下の軟水を使うか、普通に水道水を使ったほうがだしが出やすくなる。

なんとなくレシピ

茶わん蒸しにマイタケを入れる

ホントのレシピ

茶わん蒸しにマイタケを入れてはいけない

マイタケに含まれる酵素のせいで、卵液が固まらない

茶わん蒸しにキノコを入れると風味や香りがよくなるが、マイタケはＮＧ。マイタケにはたんぱく質分解酵素が含まれているため、卵液がまったく固まらない。キノコを使うなら、シイタケやシメジがおすすめ。もしくは、マイタケを下ゆでし、酵素を壊して使うという方法も。

なんとなくレシピ

シイタケは軸を下にして保存する

ホントのレシピ

シイタケは軸を上にして保存する

かさの裏の胞子が落ちると、黒ずんで傷みが早い

シイタケのかさの裏には胞子が生息していて、この胞子が落ちると、その部分は黒ずみ、しなっとしてしまう。そのため、スーパーで売られているシイタケは、ひっくり返して軸が上になっている。家で保存するときも軸を上にしておくと日持ちがよくなる。

なんとなくレシピ

シイタケは
さっと水洗いする

ホントのレシピ

シイタケは
汚れを拭き取るだけ

洗うと水っぽくなるだけでなく、
うまみも落ちる

今出回っているシイタケは養殖ものなので、洗うほどの汚れはなく、洗うと水っぽくなってうまみが落ちる。だから、そのまま使ってＯＫ。汚れが気になるときは、濡れぶきんで拭き取る程度にする。ただし、野生のキノコを使うときは、水洗いしたほうが安心。

なんとなくレシピ

ナメコは洗わずに調理する

ホントのレシピ

ナメコはさっと流水で洗う

少し古くなると、ぬめり成分に雑菌が繁殖している可能性が

ナメコはキノコの仲間なので洗わないで使う人も多いが、ナメコのぬめりはムチンという糖たんぱくで、雑菌が繁殖しやすい。ザルに入れてさっと流水で洗ってから使う。それでも調理している間に自然にぬめりが出てくるので、食感にはあまり影響がない。

なんとなくレシピ

干しシイタケはたっぷりの水につけてもどす

ホントのレシピ

干しシイタケはひたひたの水でもどす

もどし汁はだしとして使えるので、多すぎると薄味になる

干しシイタケをもどすと、水の中にうまみ成分のグアニル酸が溶け出すので、もどし汁を料理に使う。そのため、水はひたひたの量にしたほうが、濃いだしがとれる。よく「たっぷりの水で」と書いてあるが、これではうまみが薄まってしまってもったいない。

なんとなくレシピ

タケノコの水煮の白い粉を洗い落とす

ホントのレシピ

タケノコの水煮の白い粉は、洗い落とさず食べる

粉の正体はチロシンというアミノ酸で、ドーパミンが増加する

タケノコにはもともとチロシンというアミノ酸が含まれており、ゆでるとそれが表面に出てきて白い粉のようになる。チロシンは、やる気のホルモンといわれるドーパミンの原料となるものなので、水煮のタケノコの白い粉は洗わずに、そのまま食べたほうが健康のためにいい。

なんとなくレシピ

使いかけのレモンを使う

ホントのレシピ

使いかけのレモンは、切り口を薄く切り捨てて使う

レモンの香り成分は酸化しやすく、薬臭くなる

使いかけのレモンや切ってから時間がたったレモンは、消毒薬のようなにおいになることも。これは香り成分のリモネンが酸化したためで、料理の風味が悪くなる。使いかけのレモンは切り口が空気に触れないようにラップでぴったり密閉し、さらに切り口を薄く切り捨てて使うと、いい香りを楽しめる。

なんとなくレシピ

小松菜を下ゆでしてから調理する

ホントのレシピ

小松菜は下ゆでせずに、そのまま調理する

アクがない野菜は下ゆでの必要がなく、かえって栄養を逃すことに

「青菜は下ゆでするもの」と思い込んでいる人がいるが、下ゆでする理由はアクを除くこと。ホウレンソウにはシュウ酸というアクがあるが、小松菜にはないのでそのまま調理する。下ゆでというひと工程をプラスすると、栄養やうまみが損なわれてしまうので注意。

✕ なんとなくレシピ

キャベツは外側の葉を
2〜3枚はがして使う

○ ホントのレシピ

キャベツは外側の葉も
食べられる

本当の外葉は
出荷前に取り除かれている

キャベツの外側の葉には農薬がついているから、２〜３枚はがして使うといいといわれているが、本当の外葉は出荷前に取り除かれている。外側のほうの葉は緑が濃くてややかたいが、 風味がよく、歯ごたえがあって好きという人も。内側の葉と同様に使える。

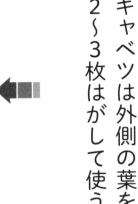

なんとなくレシピ

魚を塩水で洗う

ホントのレシピ

魚は流水で洗う

塩水で洗うと菌を増やしてしまうことに

塩水には殺菌効果があるというイメージを持ちやすいが、魚の食中毒の原因となる腸炎ビブリオは塩を好むので、かえって繁殖させてしまうことになる。魚は洗わずに、そのまま調理しても問題ないが、魚臭さを除くには、さっと流水で洗って使うのがおすすめ。

なんとなくレシピ

冷凍した魚は、
解凍せずにそのまま焼く

ホントのレシピ

冷凍した一尾の魚は、
解凍して焼く

凍っている中心部まで火を通そうとすると、表面が焦げつく

一尾の魚やサバの切り身などは厚みがあるので、冷凍したまま焼くと火が通るのに時間がかかり、皮は焦げすぎてしまうことに。冷蔵庫や電子レンジで解凍してから焼いたほうがおいしくなる。薄い切り身魚は、そのまま焼いても大丈夫。

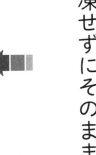

なんとなくレシピ

ポテサラの味つけは、ジャガイモが熱いうちにする

ホントのレシピ

ポテサラの味つけで、マヨネーズは冷めてから加える

熱いうちにマヨネーズを加えると、酢と油が分離する

ジャガイモが熱いうちにする作業は、つぶすことと、塩、こしょう、酢の下味をつけるところまで。アツアツで組織がやわらかくなっているときは水分を吸収しやすいので、マヨネーズを加えると酢と油が分離して、酸味が強くなってしまう。

なんとなくレシピ

炊き込みごはんは、
米と具を混ぜて炊く

ホントのレシピ

炊き込みごはんは、
具を米の上に乗せて炊く

米と具は火の通る速さが違うので
混ぜずに炊く

均等に火を通そうと思って混ぜてしまう人がよくいるが、米は蒸らし時間まで入れれば炊くのに40分くらいかかるのが普通。具の野菜や肉、魚はもっと早く火が通るので、米の上に乗せて炊けば十分。混ぜたほうが、均一に火が通らない。

なんとなくレシピ

大根は根菜なので水からゆでる

ホントのレシピ

大根も、せん切りや薄切りのときは沸騰してからゆでる

料理によっては
シャキシャキした食感が大事

根菜は水からゆでるというのが常識だが、いつも、とろけるようにやわらかく煮ればいいというものではない。大根のみそ汁など、せん切りを使うときは水から煮るとシャキシャキ感が損なわれる。だし汁が沸騰したら大根を入れてさっと煮る。

なんとなくレシピ

きんぴらゴボウは水と調味料を入れて炒め煮にする

ホントのレシピ

きんぴらゴボウは調味料を入れて炒める

水を入れるとしんなりした昔風の仕上がりに

きんぴらというと今でも水を加えて作る人がいるが、しんなりとやわらかい仕上がりになるので、物足りなさがある。今は、ピーラーなどで薄いささがきにし、調味料だけで炒めてゴボウの食感を残す作り方が普通。調味料の水分をよくとばしてゴボウにからめるように炒めれば、煮なくてもしっかり味がつく。

なんとなくレシピ

餃子は焼き目をつけてから蒸す

ホントのレシピ

餃子は蒸し焼きにしてから焼く

最後に焼いたほうが、焼き加減を調節できる

餃子は最初から焼くと皮がかたくなったり、中まで火が通らなかったりする。今は蒸してから焼くほうが主流。油をひいたフライパンに餃子を並べ、火をつけて水を入れ、フタをして蒸し焼きにする。中まで火を通してから、フタを取って好みの焼き加減に焼き上げる。

× なんとなくレシピ

ミートソースを
パスタの上にかける

○ ホントのレシピ

**ミートソースとパスタを
混ぜ合わせる**

「かける」だけでは、ソースがパスタにからまない

ミートソースの写真には、パスタの上にソースをのせたものが多いので間違いやすいが、パスタ料理のおいしさは、ソースとパスタがよくからまっているかどうかにかかっている。ミートソースをフライパンで温めたところに、ゆでたパスタを入れて混ぜ合わせたほうが美味。

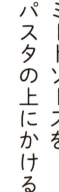

なんとなくレシピ

ドレッシングは、調味料をすべて合わせて混ぜる

ホントのレシピ

ドレッシングは、まず酢に塩、こしょうを溶かしてから油を混ぜる

酢と油は「水と油」なので混ざりにくい。油は最後に少しずつ加えていく

レシピでは省略されていることが多いが、ドレッシングは酢に塩とこしょうを溶かすプロセスが大事。油は酢と混ざりにくいので、最後に少しずつ加えながら混ぜて「乳化」させる。この手間をかけると、すべての材料が一体化した滑らかなドレッシングができる。

【参考資料】
「いつもの料理がお店の味に大変身！ 絶品裏ワザレシピ」内山 健／宝島社
「今すぐ使える！『料理早ワザ』ハンドブック」快適生活研究会／ＰＨＰ研究所
「うちのごはんが一番！ 毎日役立つ定番おかず」小学館
「ＮＨＫためしてガッテン 料理の新常識事典」ＮＨＫ科学・環境番組部、主婦と生活社「ＮＨＫためしてガッテン」編集班／主婦と生活社
「奥園流 超ムダなし！食べきりレシピ」奥園壽子／家の光協会
「科学でわかる料理のツボ」左巻健男、稲山ますみ／学習研究社
「かんたん美味1」ベターホーム協会／日本経済新聞出版社
「岸 朝子の味つけのキホン」岸 朝子／山海堂
「台所科学（キッチンサイエンス）ワザいらずの料理のコツ」内田麻理香／角川ＳＳコミュニケーションズ
「基本がわかる 料理の便利帖 Ｑ＆Ａ５００」石倉ヒロユキ／主婦と生活社
「こんなにおいしい 時短カンタン料理術」宗像伸子、株式会社オメガ社／ＰＨＰ研究所
「新版 おいしさの科学 味を良くする科学」河野友美／旭屋出版
「調理の基本大図鑑ビストロ・マルシェ」大阪あべの辻調理師専門学校、エコール・キュリネール東京・国立／講談社
「強火をやめると、誰でも料理がうまくなる！」水島弘史／講談社
「定番おかずに差が出る！うまい味つけ」猪股慶子／ＰＨＰ研究所
「野崎洋光のおいしさの秘密」野崎洋光、松本仲子／女子栄養大学出版部
「はじめての料理の正解」武蔵裕子／主婦の友社
「ビジュアル版 調理以前の料理の常識」渡邊香春子／講談社
「水島シェフのロジカルクッキング２［動画付き］プロ級レシピ徹底マスター」水島弘史／ｄＺＥＲＯ
「ら・く・ら・く料理大百科 美味極上 おかず館」小学館
「料理が楽しくなる！ おいしくなる！ オレンジページ流 料理基礎ドリル」オレンジページ

「料理雑学図鑑 調理のギモン」渡邊香春子／講談社
「料理と栄養の科学」渋川祥子、牧野直子／新星出版社
「料理は科学でうまくなる」平成暮らしの研究会／河出書房新社
「レシピじゃわからない料理の知恵」樋口秀子／小学館
「イチバン親切な料理の教科書」川上文代／新星出版社
「からだにおいしい野菜の便利帳」板木利隆／高橋書店
「肉料理と魚料理の１００のコツ」小西雅子／青春出版社

人生の活動源として

いま要求される新しい気運は、最も現実的な生々しい時代に吐息する大衆の活力と活動源である。

文明はすべてを合理化し、自主的精神はますます衰退に瀕し、自由は奪われようとしている今日、プレイブックスに課せられた役割と必要は広く新鮮な願いとなろう。

いわゆる知識人にもとめる書物は数多く窺うまでもない。

本刊行は、在来の観念類型を打破し、謂わば現代生活の機能に即する潤滑油として、逞しい生命を吹込もうとするものである。

われわれの現状は、埃りと騒音に紛れ、雑踏に苛まれ、あくせく追われる仕事に、日々の不安は健全な精神生活を妨げる圧迫感となり、まさに現実はストレス症状を呈している。

プレイブックスは、それらすべてのうっ積を吹きとばし、自由闊達な活動力を培養し、勇気と自信を生みだす最も楽しいシリーズたらんことを、われわれは鋭意貫かんとするものである。

―創始者のことば―　小澤和一

編 者 紹 介

ホームライフ取材班

「暮らしをもっと楽しく！ もっと便利に！」をモットーに、日々取材を重ねているエキスパート集団。取材の対象は、料理、そうじ、片づけ、防犯など多岐にわたる。その取材力、情報網の広さには定評があり、インターネットではわからない、独自に集めたテクニックや話題を発信し続けている。

レシピはときどきウソをつく

青春新書 PLAYBOOKS

2015年 5 月 1 日　第 1 刷

編　者　ホームライフ取材班《しゅざいはん》

発行者　小 澤 源 太 郎

責任編集　株式会社プライム涌光

電話　編集部　03(3203)2850

発行所　東京都新宿区若松町12番1号 〒162-0056　株式会社青春出版社

電話　営業部　03(3207)1916　振替番号　00190-7-98602

印刷・図書印刷　製本・フォーネット社

ISBN978-4-413-21038-6

万一、落丁、乱丁がありました節は、お取りかえします。